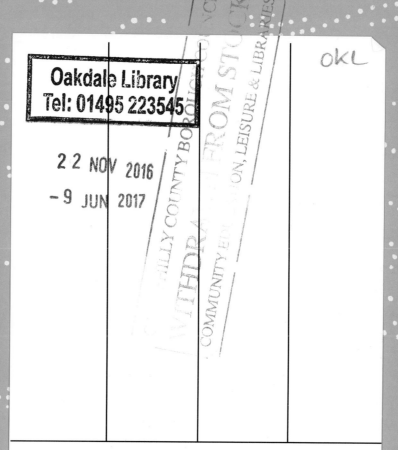

BYD GLAN MÔR

Carron Brown

Darluniau gan Alyssa Nassner

Addasiad Elin Meek

RILY

Mae pwll glan môr yn llawn bywyd.

Os edrychi di'n fanwl rhwng
y creigiau, rhwng dail y gwymon,
ac ar y gwely tywod, cei weld
yr anifeiliaid sy'n byw yno.

Goleua dortsh y tu ôl i'r dudalen,
neu dalia hi at y golau i weld
beth sy'n cuddio yn y pwll glan môr
ac o'i gwmpas. Cei weld byd bach
sy'n llawn o ryfeddodau mawr.

Pant ar lan y môr
yw pwll glan môr.

Weli di beth sy'n
digwydd pan fydd y
llanw'n dod i mewn?

Wwwsh! Mae'r dŵr heli yn llifo
i mewn gyda'r llanw ac
yn llenwi'r pwll glan môr.

Mae'r anifeiliaid sy'n byw yno wedi
bod yn aros i'r pwll glan môr lenwi.

Beth sy'n cuddio yn y cregyn hyn?

Blwb...
Blwb...

Mae cregyn gleision yn cau'n dynn
pan fydd y llanw allan.

Nawr maen nhw'n agor ac yn dechrau bwydo.

Mae anifeiliaid yn cydio'n dynn wrth
y creigiau o gwmpas y pwll glan môr.

Beth allai fyw mewn cregyn fel y rhain?

Mae cregyn llong yn dod
yn fyw yn y dŵr. Maen nhw'n
ymestyn eu coesau ysgafn er
mwyn cael darnau pitw bach
o fwyd i mewn i'w cegau.

Chwifio chwifio

Mae anifeiliaid eraill yn deffro hefyd.

Beth yw'r rhain sy'n edrych fel gemau?

Ymestyn!

Mae dau anemoni yn defnyddio eu tentaclau hir, prysur i chwilio am fwyd.

Maen nhw'n bwyta pysgod bach a berdys.

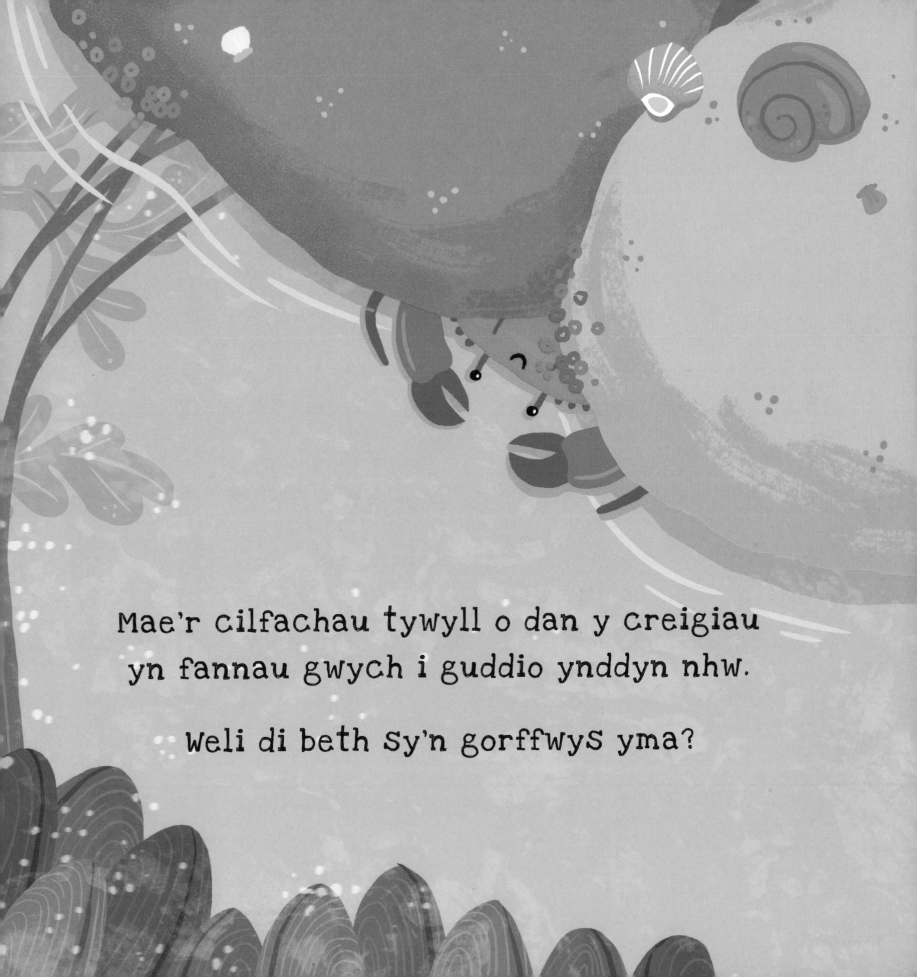

Mae'r cilfachau tywyll o dan y creigiau
yn fannau gwych i guddio ynddyn nhw.

Weli di beth sy'n gorffwys yma?

Clac!

Clac!

Mae cranc yn codi ei grafangau,
yn barod i ddal tamaid i'w fwyta.

Mae'r cranc yn symud,
ond mae heliwr
arall gerllaw.

Dal dy afael!

Mae seren fôr yn defnyddio sugnolion,
tebyg i diwbiau, sydd ar ei hochr isaf
er mwyn cydio wrth y graig.

Mae anifail arall sydd â
sugnolion yn cuddio yn y tywod.

Wyt ti'n gallu cyfrif yr
wyth braich sydd ganddo?

Mae gan octopws wyth braich hir
sydd â sugnolion ar yr ochr isaf.

Mae'n cropian yn araf dros y creigiau.

Dyma anifail arall sy'n cuddio yn y tywod.
Dim ond ei lygaid sydd i'w gweld.

Beth yw e, tybed?

Sblish Sblash

Pysgodyn bach yw e sy'n
byw yn y pwll glan môr.

Mae'n cuddio o dan greigiau,
mewn gwymon ac yn y tywod.

Mae anifail arall yn byw yn y
gragen fawr hon yn y pwll glan môr.

Beth yw e, tybed?

Wel, am Syndod!

Mae'r cranc meudwy hwn wedi gwneud ei gartref mewn cragen wag.

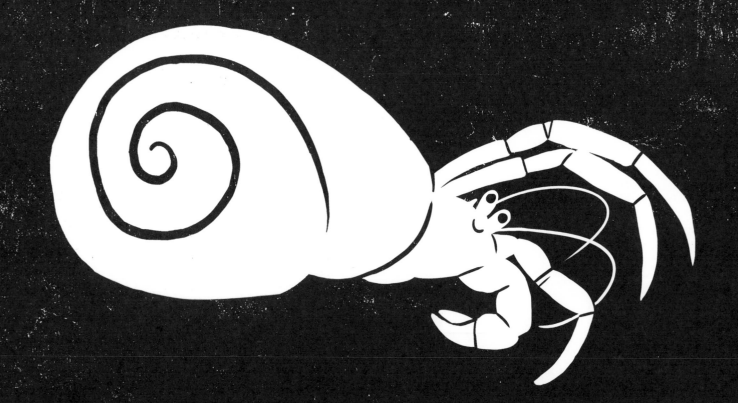

Mae'r mochyn môr
yma'n byw gydag
anifeiliaid bach eraill
Sy'n nofio yn y pwll.

Weli di nhw?

Sgwwsh!

Mae berdys yn nofio am yn ôl drwy symud eu cynffonnau'n sydyn.

Mae'n llawer haws gweld eu cyrff tryloyw pan fyddan nhw'n symud.

Mae rhywbeth yn
chwifio yn y dŵr.

Pa blanhigion sy'n
byw yn y môr?

Mae gwymon llithrig
yn angori wrth greigiau
ac yn tyfu yn yr haul.

Beth sy'n llithro
drwy ddail y gwymon?

Mae mochyn môr yn chwilio
am bysgod cregyn eraill.

Mae'n gallu drilio twll drwy gragen
i fwyta'r anifail sydd y tu mewn iddi.

Mae'r dyfrgi môr wedi sylwi ar rywbeth.

Weli di beth mae e eisiau ei fwyta i ginio?

Aw!

Mae'r rhan fwyaf o'r
anifeiliaid yn cadw draw oddi
wrth y pigau cas yna. Ond i'r
dyfrgi môr, mae draenog môr
yn bryd bach blasus.

Pa aderyn â phig coch
Sy'n byw ar lan y môr?

Mae pioden y môr
yn galw ar adar eraill.

Gwawch!

Weli di beth mae pioden
y môr wedi dod o hyd
iddo yn y tywod?

Cragen fylchog yw hi!

Mae pig hir pioden y môr yn wych
am ddod o hyd i fwyd o dan y tywod.

Gan bwyll bach, mae'r môr
ar drai, ac mae'n mynd â llawer
o ddŵr y pwll gydag e.

Mae'r anifeiliaid a'r planhigion
yn gorffwys eto, yn aros i'r
llanw nesaf ddod i mewn.

Dyma ragor...

Pan fyddi di'n dod o hyd i bwll glan môr, chwilia o'i gwmpas i weld beth weli di. Cofia edrych o dan y gwymon ac mewn cilfachau tywyll.

Yn y tywod Mae gan gregyn bylchog gyrff meddal y tu mewn i ddwy gragen sy'n sownd wrth ei gilydd. Maen nhw'n gwneud twll o dan y tywod ac yn gwthio tiwb bwydo i'r dŵr. Mae'r cregyn bylchog yn tynnu'r tiwbiau i'w cyrff ac yn cau eu cregyn yn glep pan fyddan nhw mewn perygl.

Yn sownd Malwod y môr yw moch môr. Maen nhw'n bwydo o dan y dŵr. Pan fydd y llanw ar drai, maen nhw'n tynnu eu cyrff i mewn i'r gragen ac yn selio eu hunain yn eu cregyn â sylwedd gludiog sydd hefyd yn eu gludio nhw'n sownd wrth graig.

Yn y cilfachau Mae crancod yn mynd i byllau glan môr er mwyn bwydo ar yr anifeiliaid yno. Maen nhw'n eu dal â'u crafangau mawr. Mae crancod yn cuddio rhag adar llwglyd drwy gerdded o dan wymon a gorffwys mewn cilfachau.

O'r awyr Mae gwylanod yn hedfan i'r pyllau glan môr ac yn dal anifeiliaid â chragen yn eu pigau. Maen nhw'n hedfan fry uwchben ac yna'n gollwng y gragen ar greigiau. Mae hyn yn torri'r gragen a gall yr adar fwyta'r cig meddal y tu mewn.

Torri cregyn Mae dyfrgwn môr yn cipio draenogod môr a chreaduriaid â chregyn o byllau. Er mwyn cael y cig sydd y tu mewn, maen nhw'n arnofio ar eu cefnau, rhoi carreg ar eu boliau, cyn taro cragen dro ar ôl tro yn erbyn y garreg er mwyn ei hagor.

Wedi eu dal Yn aml iawn, mae'r pysgod sy'n byw mewn pyllau glan môr yn blant i bysgod sy'n byw yn nŵr bas y môr. Maen nhw'n cael eu dal yn y pyllau pan fydd y llanw ar drai ac yn cuddio yn y tywod, ac o dan wymon a chreigiau.

Cydio'n dynn Mae gwymon yn angori wrth greigiau â gludafael sydd fel gwreiddyn. Mae'r dail yn codi tuag at arwyneb y pwll ac yn defnyddio'r heulwen i wneud bwyd. Mae llawer o anifeiliaid y pwll glan môr yn bwydo ar wymon.

Newid lliw Mae'n gallu bod yn anodd gweld octopws oherwydd mae'n medru newid ei liw fel ei fod yr un lliw â'r pethau o'i gwmpas. Hefyd mae'n gallu gosod ei gorff i edrych fel craig neu wely'r pwll glan môr.

Hidlo Mae llawer o anifeiliaid y pwll glan môr yn cael bwyd drwy ei hidlo o'r dŵr heli. Bob tro mae'r llanw'n llenwi'r pwll eto, mae'n dod â maetholion a bwyd ffres iddyn nhw.

Cyhoeddwyd gan Rily Publications Ltd 2015

Rily Publications Ltd, Blwch Post 20, Hengoed CF82 7YR

Hawlfraint yr addasiad © Rily Publications Ltd 2015

Addasiad Cymraeg gan Elin Meek

www.rily.co.uk

ISBN 978-1-84967-268-9

Cyhoeddwyd yn wreiddiol yn Saesneg yn 2014
dan y teitl *Secrets of the Seashore* gan Ivy Press

Hawlfraint © Ivy Press 2014

Crëwyd, dyluniwyd a chynhyrchwyd
y llyfr hwn gan Ivy Press

Argraffwyd yn China